AF454437

# TESTAMENT

## DE

## MARIE-ANTOINETTE

## D'AUTRICHE,

CI - DEVANT REINE DE FRANCE.

# TESTAMENT

DE

## MARIE-ANTOINETTE

## D'AUTRICHE,

Ci - devant Reine de France.

*Fait & rédigé dans son Cabinet, à Saint-Cloud.*

---

† Au nom du Pere, du Fils, et du Saint - Esprit:

Aujourd'hui, à quatre heures du soir, moi, Marie-Antoinette d'Autriche, saine de corps, quoique plus d'une fois

A 2

j'ai fait courir des risques à ma santé dans mes fougues amoureuses; saine de tête & d'esprit pour la première fois de ma vie, réfléchissant à la multitude des crimes que mon fait commettre mon orgueil, mon ambition & mon goût désordonné pour le libertinage & les débauches en tous genres; considérant que ma mort est prochaine, que déjà j'étois reine de France, & qu'à présent je ne suis rien, convaincue par l'expérience de mes anciens serviteurs qui ont péri. Que quand ont est aussi coupable comme je la suis, la vengeance publique peut accélérer mes jours, il est prudent de mettte ordre à ses affaires, pour éviter les inconvéniens d'une surprise, & fait & écrit de ma main mon présent testament.

Je recommande mon ame à Dieu s'il est possible de la garantir des griffes du Diable, & je supplie la Vierge & tous les Saints du paradis, d'être mes intercesseurs auprès de l'Etre suprême, dont j'ai jusqu'ici méconnu la grandeur & la justice. Oui Vierge sainte, & vous glorieux habitans de la cour Céleste , daignez jetter un regard de compassion sur une misérable pécheresse qui n'a plus de ressources que dans la miséricorde divine : ce n'est que par votre puissante médiation, que je puis en obtenir les effets salutaires.

Je supplie mon époux & la nation, de m'accorder le pardon de toutes mes fautes, dont j'ai déjà fait en partie l'aveu par ma confession qui a été rendu publique , imprimée & distribuée au commencement du mois. Les remords cuisans qui déchire ma conscience, me forcent à leur avouer , que cette confession que j'ai eu grand soin de cacher au Roi, n'étoit qu'une ruse de ma part, afin de rassurer les françois, en leur persuadant par mon feint repentir, que la cabale infernale qu'ils redoutoient, étoit anéantie jusques dans ses fondemens , & de profiter de leur sécurité pour rallier sous mes drapeaux, les membres de cette odieuse cabale, & les encourager avec une nouvelle ardeur.

Je donne & légue au Roi, mon époux, un Tonneau délexir de longue vie, afin que la restauration de son royaume, ( que j'ai ruiné ) , & l'amour de ses sujets, le dédommagent pendant une longue suite d'années, de toutes celles que je lui ai fait passer dans le trouble & les chagrins.

Je donne & légue à MONSIEUR, ( mon beau-frère ) une phiole contenant un élexir composé de courage & d'énergie, c'est tout ce qui lui manque pour faire un prince accompli.

Je donne & légue à mon cher & aimable d'Artois, le repentir le plus sincère qui me reste, de ne pouvoir encore une fois goûter les plaisirs qui nous étoient si familiers, avant que de mourir.

Je donne & légue à M. d'Orléans, pour récompense de ce qu'il a voulu me faire assassiner ainsi que mon époux, & toute ma famille, pour monter sur le trône, dix grains d'émétiques à prendre tous les jours, jusqu'au moment où il sera nommé roi à la place de mon époux.

Je donne & légue à M. le prince de Condé, pour son intrépidité à soutenir mon trône, & toute ma famille, une somme de deux millions.

Je donne & légue au prince de Conti, pour avoir fait le lâche, & avoir eu la bêtise de prêter le serment civique, un poison lent d'environ six mois.

Je donne & légue à M. Necker, pour tout l'argent qu'il m'a donné à ma discrétion, & que j'ai fait passer à mon cher d'Artois, ainsi qu'aux autres princes, un paquet de contre-poison à toute épreuve, que je lui conseille de porter toujours avec lui s'il revient en France.

Je donne & légue à mon ancien contrôleur Calonne, pour avoir encore mieux satisfait mes passions que ne l'a fait son successeur, la pareille place auprès de moi dans l'autre monde.

Je donne & légue au successeur de mon

frere d'Artois , ( M. de Rohan) qui s'est épuisé avec moi de toutes les façons , la place de premier aumônier auprès du pere éternel.

Je donne & légue à mon délicieux Coigny, qui est ruiné , & avec qui j'ai tant goûté de plaisirs , une somme de 400,000 liv. pour remettre sa maison sur le même pied qu'elle étoit quand il étoit un de mes favoris.

Je donne & légue au prince de Lambescq, une rente viagère de 400 louis , pour exercer la premiere place vacante de valet de bourreau ; le sang-froid avec lequel il égorgeoit les Parisiens aux Tuileries , lui serviront de certificats de capacité , & j'espére qu'en considération pour ma personne , & des appointemens que je fournis, le nommé Samson , exécuteur des hautes-œuvres de Paris , lui donnéra la préférence sur tous autres concurrens.

Je donne au maréchal de Broglie, un pistolet tout chargé , pour se brûler la cervelle , c'est le seul parti qui réste à prendre à un général qui a eu la bassesse de rendre ses services aux ennemis de la patrie.

Je donne & légue au général Lafayette, pour sa récompense d'avoir voulu me faire périr ainsi que ma famille , ( d'accord avec M. d'Orléans ) & de me tenir captive avec mon époux , depuis un an , un demi-septier d'eau de vitriole.

Je donne & légue à Silvain Bailly , pour récompense de la place qu'il occupe, & avec laquelle il s'enrichit si bien , & fait tant de mal, le réverbère de la Grève.

Je donne & légue aux électeurs qui ont fait mourir de faim les Parisiens , l'hiver dernier , une somme de dix mille livres à chacun , & une pareille somme à ceux qui sont actuellement en place , sous les conditions qu'ils en feront autant cet hiver.

Je donne et légue à cette infernale assemblée dite nationale , pour sa récompense d'avoir si bien abaissé mon trône , ôté tous mes pouvoirs , fixer la dépense de ma maison , supprimé tous les titres de noblesse , &c. &c. 100 tonneaux de poudre pour la faire sauter.

Je donne & légue à M. le comte de Mirabeau, pour avoir déshonoré la noblesse Provençale, & celle de France , & pour tous les infâmes décrets qu'il a fait rendre , un poisson d'eau de vitriole, pour l'envoyer lui & ses belles motions, au diable , ne voulant pas qu'ils nuisent davantage à la tranquillité de mon époux & de toute ma famille.

Je donne & légue à l'abbé Mauri, une de mes robes, un turban, et 400 louis , pour aller prêcher le despotisme à Constantinople, ses maximes ne pouvant lui servir en France qu'à le conduire ( avec le philosophe Bailly ) au réverbère de la Grêve.

Je donne et légue à Cazalès, un demi-septier d'eau de courage , afin que quand il sera obligé de se battre au pistolet, il ne tremble et ne recule pas.

Je donne & légue à Barnave , pour

avoir manqué de tué son confrere Cazalès, une corde d'environ 20 louis , pour être pendu de retour dans sa province.

Je donne & légue aux habitans de la ville de Versailles, pour la perte qu'ils ont fait de toute ma famille , & principalement de moi & de mon frere d'Artois , une somme de 600 liv. de rente à chacun.

Je donne & légue aux habitans de la ville de Paris , ( principalement aux parisiens ) une dose de ma composition, à prendre tous les matins , pendant autant de tems qu'il y a qu'ils me tiennent captive , & qu'ils tiendront encore mon époux.

Les treize parlemens de France ayant tant besoin de secours d'après la fièvre qu'on leur a donné au commencement du mois , je vais pourvoir à leurs plus pressans besoins , laissant aux douze cents roitelets le soin de suppléer à mes bonnes intentions pour ces braves magistrats.

Je donne & légue à chaque parlementaire un vingtaine de tablettes de ma compofition contre la rage.

Je donne & légue à chaque parlementaire une bouteille d'eau du fleuve d'oubli, pour leur faire perdre le souvenir de leur grandeur passée ; mon intention n'est pas cependant qu'ils puissent oublier leurs injustices, j'ajoutent au contraire à chaque bouteille ci-dessus , une fiole remplie de larmes de malheureux , qu'ils ont sacrifiés , afin d'exciter en eux des remords qui les accompagnent jusqu'au tombeau.

Je donne & légue à chacun des treize parlemens , un creuset à toute épreuve , dans lequel en refondant le magistrat ambitieux , intéressé , orgueilleux , passionné, ignorant , présomptueux , injuste , scandaleux , usurpateur des droits du souverain & de sa souveraine , on parviendra sûrement en ajoutant à cette refonte , trois onces de science , fix de bons sens, trois livres de patriotisme , pareille dose d'humanité , & fix livres de pudeur , à en faire un juge intègre & éclairé, qui saura respecter son caractère , se restreindre aux devoirs qui y sont attachés , & rendre à chacun la justice qui lui sera due.

Je donne & lègue à tous parlementaires n'ayant encore ni barbe ni raison, ( c'est malheureusement le plus grand nombre ) le recueil général des décrets des douze cents roitelets , & le recueil des nouvelles loix du royaume , à condition qu'ils s'abstiendront de décider de l'honneur de leurs concitoyens , de leur vie & de leur fortune.

Je donne & lègue à M. Séguier, avocat-général de l'ancien parlement de Paris , pour tous ses beaux requifitoires, le plus noir des cachots de la conciergerie du palais à Paris , 150 liv. de rente viagère pour sa nourriture , c'est la récompense due à un juge qui a vendu la justice au plus offrant , & sacrifier à ses passions la vie & la fortune des malheureux.

Je donne & lègue à M. Duval d'Eprémesnil , une quadruple dose de mon remède contre la rage ; je lui donne & lègue en outre , sachant qu'il a perdu la

tête , la première place de fou , vacante
à Bicêtre.

Je donne & légue à l'ancien arche-
vêque de Paris, une voiture neuve de la
valeur de 300 louis, pour l'aider à reve-
nir en France , & le dédommager de
celle qu'on lui a brisée à Versailles ; plus ,
une culotte de 72 l. pour l'indemniser de
celle qu'il a percée en implorant les bon-
tés de mon époux en faveur de la cabale.

Je donne & légue aux gardes fran-
çaises , & à chacun d'eux , non de l'argent, mais le plaisir d'être tué les pre-
miers dans la contre-révolution qui aura
lieu, pour avoir fait les lâches & avoir
abandonné les drapeaux de leur roi.

Je donne & légue à Madame de Va-
lois la Motte , pour récompense de ce
que je l'ai fait punir du vol que j'avois
fait moi-même, une place de dame d'honneur auprès de moi dans l'autre monde ,
où elle trouvera celui qui a partagé si
souvent ses faveurs & les miennes. ( M. de
Rohan )

Je donne & légue à Madame la du-

chesse de Polignac , ma bonne & fincère
amie, cello qui m'a fi souvent fait pâmer
de plaifir par l'agilité de son d...t , qui
m'a tant de fois servi de soutien dans
mes exploits avec mon cher d'Artois ,
que je ne cesserai de regretter jusqu'au
dernier moment de ma vie ; toute ma
garde-robe en général , excepté ce qu'il
faudra pour m'ensevelir.

Je donne & légue aux demoiselles
d'Oliva , Soprofie , d'Arcourt , Fromen-
ville , Julie , Bonnemont , &c. &c. &c.
&c. &c. &c. &c. &c. &c. &c. &c .&c.
pour le tems qu'elles m'ont servi d'hommes,
une somme de 10 mille livres chacune ,
une fois payée.

Ayant fait le calcul exact de tous ceux
& celles qui ont participé à mes faveurs,
lesquels sont au nombre de 545 , il est
impossible avec le peu de biens que je
posséde actuellement , de les léguer tous ;
en conséquence , j'offre à tous ceux &
celles qui ne sont point sur mon TESTA-
MENT , mon portrait , avec une pièce

d'argent, qui leur servira de preuves qu'ils m'ont donné de leur vigueur.

Tous ces détails sont exacts sur ma note que l'on trouvera dans mon secrétaire, jointe à mon contrat de mariage.

Je nomme pour mon exécuteur-testamentaire, mon époux, ancien roi de France, le priant de remplir exactement toutes mes intentions.

Désirant donner toute la publicité possible à mon présent TESTAMENT, j'en adresse une copie au directeur charitable qui a révélé ma confession, le priant de le faire imprimer & distribuer dans toute l'étendue de mon ancien royaume.

Telles sont mes dernieres volontés.
Ainsi-soit-il.

Signé MARIE - ANTOINETTE D'AUTRICHE,
ci – devant reine de France.

---

De l'Imp. de LE GROS , rue S. Jacques.

www.ingramcontent.com/pod-product-compliance
Lightning Source LLC
LaVergne TN
LVHW021609170726
843501LV00010B/3951